LA VOCATION

DISCOURS

PRONONCÉ

EN LA CHAPELLE DE L'HOTEL-DIEU DE PARIS

le 7 juin 1897

PAR

M. L'ABBÉ HERTZOG

Curé de la Madeleine

VENDOME

IMPRIMERIE F. EMPAYTAZ

1897

LA VOCATION

DISCOURS

PRONONCÉ

EN LA CHAPELLE DE L'HOTEL-DIEU DE PARIS

le 7 juin 1897

PAR

M. L'ABBÉ HERTZOG

Curé de la Madeleine

VENDOME

IMPRIMERIE F. EMPAYTAZ

1897

Discours prononcé par M. l'abbé HERTZOG, curé
de La Madeleine, à Paris, le Lundi de la Pentecôte,
7 Juin 1897, en la Chapelle de la Communauté des
Religieuses Hospitalières de l'Hôtel-Dieu, de l'Ordre de
Saint-Augustin, en présence de M. l'abbé BUREAU,
vicaire général, archidiacre de Ste-Geneviève, Supérieur
de la Communauté, de M. le Doyen et de plusieurs
membres du Chapitre de Notre-Dame, la Révérende
MÈRE DU SAINT-NOM DE JÉSUS étant Prieure
générale,

à l'occasion de la Profession Religieuse de

Demoiselle Léontine ROUCHON, en religion Sœur Sainte-
Marie ;

Demoiselle Angèle MÉNARD, en religion Sœur Sainte-
Radegonde ;

Demoiselle Marguerite VOISELLE, en religion Sœur Sainte-
Marie-Madeleine ;

Demoiselle Marie MENUT, en religion Sœur Saint-
Berchmans ;

Demoiselle Geneviève CABY, en religion Sœur Sainte-
Thérèse ;

Demoiselle Thérèse MOREL, en religion Sœur Sainte-
Odile ;

Demoiselle Amélie MÉLARD, en religion Sœur Sainte-
Anne ;

Demoiselle Eugénie DENYS, en religion Sœur Sainte-
Solange.

Opus consummavi quod dedisti mihi.
Père, j'ai achevé l'œuvre que vous m'aviez confiée.

St Jean, XVII, 4.

MES SŒURS,

Notre Divin Maître prononça cette parole quelques instants avant d'entrer dans le jardin de Gethsémani, où l'attendait le traître qui l'avait vendu à ses bourreaux ; et il ajoutait : « Je vous ai glorifié sur la terre, ô mon Père, à vous maintenant de me glorifier en vous-même... »

Eh bien, non ! l'heure de la gloire n'allait pas encore sonner pour N.-S. Jésus-Christ, car son œuvre n'était pas achevée : à l'œuvre de prière, de travail, d'évangélisation, de charité qu'il avait accomplie depuis trente-trois ans, il lui restait à ajouter celle de son sacrifice !

Après celle-là, Dieu glorifiera son Fils, parce que Celui-ci ne pourra rien faire de plus ; mais tant qu'Il n'aura pas été jusqu'à la limite extrême du dévouement, tant qu'Il ne sera pas tombé, victime volontaire, pour le salut, non pas d'un peuple, mais de l'humanité entière, au champ d'honneur du Calvaire, son œuvre sera incomplète. C'est vrai, mais c'est parce qu'Il voit cette fin cruelle et qu'Il l'accepte que Jésus dit, avec assurance, dans sa prière après la Cène : « *Opus consummavi*, j'ai achevé mon œuvre, j'ai droit de rentrer, ô mon Père, dans votre sein et d'y trouver la gloire que j'ai eue en vous avant que le monde fût. »

MES SŒURS,

Toute âme humaine a, comme Jésus-Christ, une œuvre que le Père Céleste lui a donné à faire ici-bas ; en d'autres termes, toute âme a une vocation !

Quelle est la vocation des religieuses Augustines de l'Hôtel-Dieu ?

Quels moyens prendrez-vous pour y être fidèles, afin de répéter un jour la parole du Maître : « J'ai achevé mon œuvre » ?

Telles sont les questions que je veux étudier un instant avec vous et avec cette assemblée si émue de parents et d'amis qui vous entoure : que l'Esprit-Saint, dont nous célébrons en ce jour l'avènement dans l'Eglise, m'aide à vous réjouir et à vous réconforter, je le lui demande par l'intercession de Marie et des Apôtres.

I

Toute âme humaine a une vocation. Voici comment la théologie nous le prouve :

Partant d'abord de ce principe que Dieu a fait à son image tout ce qu'Il a fait, elle en conclut que tout ce qui existe est une manifestation d'un ou de plusieurs attributs du Créateur : la lumière des astres manifeste l'éclat de sa beauté, la fertilité de la terre manifeste la fécondité de sa puissance, la véhémence des éléments manifeste sa force irrésistible ! Et l'homme n'exprimera-t-il pas aussi les perfections divines ? Il le fera mieux que toute créature.

En son âme, chaque homme sera, s'il le veut, la plus fidèle image de la raison, de la sagesse, de la bonté, de la liberté de Dieu. Et de peur que chaque homme ne faillisse à sa tâche, l'humanité sera partagée en groupes distincts, dont chacun manifestera tel ou tel attribut divin.

Laboureurs, ouvriers, artisans, vous êtes comme la main de Dieu, cultivant et embellissant la terre créée pour servir de séjour à l'homme ; sans votre travail, la terre ne serait pas habitable.

Industriels, commerçants, artistes, vous représentez Dieu libéral et magnifique qui donne à ses créatures, non seulement le pain quotidien, mais le bien-être, les aises, les prospérités de la vie.

Professeurs et savants, vous serez l'écho de Dieu qui sait et voit tout ! Magistrats, vous êtes l'image du Juste Juge qui rendra à chacun selon ses œuvres ! Soldats, vous êtes le bras du Dieu fort qui réprimera toute usurpation et toute injustice. Médecins, vous exprimez par votre dévouement la compassion du Créateur pour les douleurs humaines. Prêtres, vous perpétuez la mission du Verbe qui s'est incarné pour prier son Père et nous faire connaître sa Miséricorde.

Telle est la signification de la diversité des professions humaines : chaque homme vient en ce monde avec des aptitudes spéciales, parce qu'il doit être l'instrument d'un dessein de Dieu, le coopérateur d'une de ses œuvres. Et quand je dis chaque homme, je ne vous exclus pas, Mesdames ! que vous soyez épouses, mères, filles ou sœurs, votre vocation est de manifester d'une façon plus douce, plus persuasive que le médecin et le prêtre, la compassion et la miséricorde de Dieu.

Mais si la vocation particulière de chaque homme nous apparaît comme une conséquence de la création, elle semble découler encore plus logiquement de l'idée de Providence.

« Dieu, dit St-Augustin, s'occupe de chacun de nous, comme s'il ne s'occupait que d'un seul : *Deus sic curat unumquemque nostrum, tanquam solum curet* ». (Confess. livr. III, ch. II).   C'est la même pensée qui faisait dire à St-Paul : « Dieu m'a aimé et il s'est livré pour moi ». (Gal. II, 20).

Non, Dieu ne nous envisage pas seulement en masse, mais Il nous regarde séparément : de même que nous serons, un jour, seuls devant le tribunal de sa Justice, pour y rendre compte de nos œuvres, ainsi, sommes-nous aujourd'hui seuls et chacun à part devant son amour infini.

De toute éternité, Dieu vous voit et vous connaît, vous mon frère, vous ma sœur, et non pas un être quelconque ; Il vous reconnaît à ce ne je ne sais quoi de spécial dans la physionomie qui fait que vous êtes vous-même et pas un autre, à ce cachet particulier qui vous distingue de tous les autres hommes qui existent, ont existé et existeront jusqu'à la fin.

Mais cette physionomie propre, cette particularité qui vous distinguent de tout autre, d'où résultent-elles ? Des qualités natives de votre esprit et de votre cœur ? Oui, sans doute, mais aussi de ce que vous y ajoutez par l'emploi des dons de Dieu, par ce caractère personnel que vous vous formez en usant bien de votre liberté, par les œuvres que vous accomplissez, par cette œuvre spéciale que Dieu vous a assignée comme un service personnel qu'Il vous demande, comme un témoignage plus probant de votre amour pour Lui. — « *Domine quinque talenta tradidisti mihi, ecce alia quinque superlucratus sum :* Seigneur, vous m'avez confié dix talents, en voilà dix en plus que j'ai gagnés pour vous. » (S. Math. XXV, 20). Puisque nous sommes doués différemment, nous devons produire des œuvres différentes : l'ordre d'accomplir les œuvres communes à tous s'appelle la loi, l'invitation à produire telle ou telle œuvre particulière s'appelle la vocation.

Quelle est cette œuvre particulière qui vous est demandée, Mes Sœurs ? Quelle est la vocation des religieuses Augustines de l'Hôtel-Dieu ?

II

Je disais tout à l'heure que la femme doit représenter ici-bas la compassion et la miséricorde de Dieu.

Sécher les larmes, panser les plaies, guérir les blessures, apaiser les chagrins d'un père, d'un époux, d'un frère, d'un fils, se faire leur médiatrice auprès de Dieu par ses prières, telle est la vocation de la femme sur la terre, et celle qui s'y dérobe, fût-elle douée de tous les talents, eût-elle le génie en partage, enlève à son front sa plus belle auréole.

Mais il y a des degrés dans cette compassion innée au cœur de la femme, comme il y en a dans la loi de charité prêchée au monde par Jésus-Christ.

Pour ne pas trop m'attarder, je m'arrête à la Charité évangélique à l'égard du prochain, et je remarque d'abord que Jésus-Christ a élargi le sens de ce mot « le prochain ». Il ne signifie plus seulement notre père, notre frère, notre ami, notre concitoyen, comme dans l'antiquité, mais tout homme qui souffre et a besoin de nous : relisez la parabole du bon Samaritain.

A ce malheureux je dois donner un verre d'eau s'il a soif, un morceau de pain s'il a faim, un abri s'il est fugitif, des remèdes s'il est malade, une parole de consolation si son cœur est dans la détresse.

Ces œuvres charitables, je puis les accomplir de temps à autre, quand l'occasion s'en présente, ou en faire un des emplois de ma vie : je puis réserver, chaque semaine ou chaque jour, quelques heures pour monter jusqu'au grabat du pauvre, pour visiter l'hôpital et la prison, y porter, avec l'aumône qui soulage le corps, la bonne parole qui réconforte l'âme.

O Femmes de France ! Chrétiennes de Paris ! que vous savez bien faire ces choses, étendre sur vos frères en Dieu et en Jésus-Christ la tendresse et le dévouement dont vos propres enfants sont l'objet ! Aussi, vos noms sont bénis par les pauvres, votre visite est attendue dans la mansarde comme celle de l'Ange de Dieu et, quand vous en sortez, vous entendez des voix d'enfants et de vieillards vous dire : « A bientôt ! revenez le plus souvent et restez le plus longtemps que vous pourrez ! »

Revenir souvent, rester longtemps, cela est impossible à la femme du monde, car le foyer domestique à ses exigences, que dis-je, ses devoirs, qui ne peuvent être mis de côté même en faveur des plus pressants appels de la Charité !

Mais, ne voyez-vous pas, Mes Sœurs, au-dessus de la vocation de la Dame de Charité, une autre se dessiner, comme sous la voûte des Cieux vous apercevez un astre se lever plus brillant à côté de celui que vous admiriez ? Moi, j'aperçois la blanche robe de la Sœur de l'Hôtel-Dieu, la cornette de la Sœur de Charité : ces nobles filles de saint Landry et de saint Vincent de Paul établiront leur demeure parmi les pauvres, les affligés, les malades, qui leur donneront les doux noms de mère et de sœur comme à celles qui ont soigné leur enfance et partagé leurs joies au pays natal !

Cette vocation de la religieuse Augustine de l'Hôtel-Dieu est nettement exprimée dans le quatrième vœu que vous allez faire : « Vœu de servir les pauvres malades sans avoir égard au danger des maladies de contagion. »

Voilà un idéal de vie qui, depuis plus de 1200 ans, a enfermé dans cet asile, au service des malades les plus rebutants, des jeunes filles de toute race et de toute condition.

Comment cet idéal s'est-il présenté à vous, Mes Sœurs ? J'imagine qu'il s'est passé pour vous quelque chose d'analogue à la vision de saint François d'Assise.

François venait d'atteindre sa vingt-cinquième année. Riche, il avait de nombreux amis avec lesquels il menait cette vie joyeuse dont l'inutilité et la vanité commençaient à lui déplaire. Un jour, il réunit ces gais compagnons à sa table et leur offrit une fête plus brillante que de coutume. Le festin terminé, les convives se répandirent dans la ville, selon l'usage du pays. François terminait le cortège, le bâton de roi de la fête à la main. Tous chantaient. Ils avaient déjà parcouru quelques rues, lorsque François s'arrêta tout à coup : une vive lumière venait de se répandre en lui ! Il demeure sans voix, sans mouvement, tant son âme est absorbée et ravie. Ses compagnons, ne le voyant plus, retournent sur leurs pas et le trouvent à peine revenu de son extase et tout troublé encore de la Céleste Vision. Qu'avez-vous, s'écrient-ils ? Est-ce que vous avez rencontré votre fiancée ?

« Vous l'avez dit, répond François en souriant, et la femme que je vais épouser est la plus noble et la plus belle que nous ayons jamais vue ! »

François venait d'entrevoir la Pauvreté volontaire ; il l'avait aperçue comme un idéal de perfection et, dès lors, s'était résolu à en faire la compagne de sa vie (1).

Cette vision, vous l'avez eue plus ou moins, Mes Sœurs, vous avez aperçu la Pauvreté, non seulement couverte de haillons, mais meurtrie de plaies, exténuée par la maladie ; elle vous tendait les bras, vous appelant à son aide ! Vous n'avez pu lui répondre : « Vous êtes belle et je vous aime. » Mais vous avez dit : « Il est beau de se dévouer à vous, de vivre pour vous soulager et vous consoler ; cette vie sera mon partage sur la terre. » *Portio mea in terrâ viventium* (Ps. 141-6).

Voilà, certes, une grande vocation, mais pour y répondre et y rester fidèles jusqu'à la fin de votre vie, quels moyens devrez-vous prendre ?

III

En parcourant l'opuscule qui renferme l'esprit des constitutions de votre Communauté, j'ai trouvé admirablement décrits ces moyens que vous devez prendre pour entretenir en vous la ferveur de votre résolution.

(1) *Histoire de saint François d'Assise*, par l'abbé L. Le Monnier, curé de Saint-Ferdinand-des-Ternes — *Paris, Victor Lecoffre.*

Pendant votre noviciat, qui a duré quatre ans, vous avez eu le temps de les étudier et de les mettre en pratique, je n'ai pas à vous les faire connaître ; permettez-moi seulement de vous en signaler deux, qui sont comme les sources sacrées du dévouement : l'Oraison mentale et la Sainte Communion.

L'Oraison mentale remettra chaque jour sous vos yeux cet idéal qui a conquis vos cœurs et que j'appellerai avec Bossuet « l'Éminente Dignité des Pauvres (1). »

Qu'est-ce que ce pauvre malade ? Ce pauvre malade est mon semblable, c'est une créature de Dieu, c'est mon frère dans l'ordre de la Grâce, c'est un membre souffrant de Notre-Seigneur Jésus-Christ.

Ce pauvre, ce malade est mon semblable. Le poète latin Térence a exprimé dans un très beau vers ce sentiment instinctif de pitié, qui est en nous comme l'impression de la loi naturelle, quand il s'est écrié : « Je suis homme et rien de ce qui est humain ne m'est étranger. »

C'est ce sentiment primitif de sympathie pour l'homme qui a les mêmes besoins, les mêmes joies, les mêmes tristesses que moi, c'est ce sentiment, dis-je, qui inspire encore aujourd'hui les œuvres philanthropiques, et il ne faut ni le dédaigner ni en médire. Ce sentiment il vient de Dieu, l'auteur de la nature, qui l'a déposé dans le cœur de toutes les créatures pour qu'elles s'assistent mutuellement. Nous devons honorer, partout où nous la rencontrons, cette marque originelle de la Bonté suprême dont les incroyants ont oublié momentanément le nom, et accueillir avec sympathie les œuvres que cette pitié naturelle crée à côté des nôtres.

(1) *Sermon pour la Septuagésime.*

Mais après avoir honoré comme il le mérite ce sentiment instinctif d'humanité, reconnaissons qu'il ne suffirait pas à vous maintenir toute votre vie à l'hôpital, en face de toutes les horreurs physiques que la maladie étalera sous vos yeux, sans parler des laideurs morales qui s'y ajouteront, pour faire monter dans vos cœurs, à certains jours, le dégoût à la place de la pitié.

Dans cet être où votre regard ne peut plus distinguer un semblable tant il est déformé par la maladie et par le vice ; dans cet être qui n'est plus aimable pour lui-même, qui n'a aucun sentiment conforme aux vôtres, qui aime et vante tout ce que vous haïssez, méprise et insulte tout ce que vous honorez, répond à vos soins par d'horribles paroles, qui verrez-vous, qui pourrez-vous aimer ? Dieu, qui a créé ce malheureux et vous l'a donné pour frère ; Jésus-Christ, qui vous dit : « Je suis là ; *Ego in eis.* » (S¹-Jean, XVII, 23). « Tout ce que vous ferez au plus petit d'entre mes frères, c'est à moi que vous le ferez ; *Mihi fecistis.* » (S¹-Math., XXV, 40). En entrant dans l'humanité par son Incarnation, Jésus-Christ a déifié cette humanité ; de tous ses membres il a fait un seul corps, dont il est la tête. — Mais ceux qui sont séparés de lui par l'infidélité ? Jésus-Christ les revendique encore au nom du sang qu'Il a versé pour eux ! Il conserve sur eux ses droits de Rédempteur, droit, entre autres, de les recommander à la miséricorde de son Père et à la compassion de ses frères.

Voilà le point de vue surnaturel où vous maintiendra, Mes Sœurs, la pratique de l'Oraison ! Aimer Dieu et aimer le prochain est un même devoir ; la Charité est une vertu unique, elle n'a qu'un objet : Dieu, le Bien infini, qu'on le considère en sa source éternelle ou dans les êtres auxquels il veut se communiquer. Or, tous les hommes sont ces êtres puisque Dieu veut le salut de tous. (1, Tim., I 15 - II 4).

La Communion complètera et développera en vous cette Charité évangélique. — Avez-vous remarqué que c'est au moment où Il venait d'instituer la Sainte Eucharistie, que Notre-Seigneur fit à ses apôtres cette révélation suprême : « Voici mon commandement, c'est que vous vous aimiez les uns les autres, comme je vous ai aimés. »

« Personne n'a un plus grand amour que celui qui donne sa vie pour ses amis » (St Jean, XV, 12, 13).

Jésus-Christ ne pouvait choisir un meilleur moment pour recommander à ces disciples cet amour du prochain jusqu'au sacrifice de la vie, que cette heure où Il instituait l'Eucharistie qui fait passer dans les âmes l'héroïque abnégation de Gethsemani et du Calvaire.

Mes Sœurs, voilà ce que Jésus vous donnera en chacune de vos Communions : son esprit vivifiant. (St Jean, VI, 64). Sa chair sacrée n'est qu'un trait d'union entre son esprit et le vôtre, son cœur et le vôtre ; et quand cette âme du Christ est unie à la vôtre, ce n'est plus vous qui vivez avec vos répugnances, vos dégoûts, vos fatigues, c'est Jésus-Christ qui vit en vous avec son amour infini pour les plus petites, les plus misérables, les plus souillées de ses créatures.

Pleines de cet esprit de Jésus-Christ, vivifiées par cette sève eucharistique qui, depuis son institution, s'est principalement épanouie en ces deux vertus supérieures au strict devoir : la virginité religieuse, c'est-à-dire le don complet de soi à Dieu, la charité parfaite, c'est-à-dire l'abnégation de soi, de sa vie, en faveur du prochain, allez, Mes Sœurs, allez chaque jour à vos malades et dites-leur : « Je veux vous soulager, vous qui êtes écrasés par le fardeau de la vie » ; vous soulager en soignant vos corps et, si vous le voulez, en sanctifiant vos âmes. (S¹ Math., XI, 28).

Eclairées par l'Oraison mentale, fortifiées par le pain vivant descendu du Ciel, vivez tous les jours au service des pauvres, jusqu'au moment où, comme Jésus-Christ, vous pourrez dire : « *Opus consummavi* ; Père saint, j'ai accompli l'œuvre que vous m'aviez donné à faire, je meurs pour les pauvres et au milieu d'eux.

Et vous, chers Chrétiens, vous Pères, Mères, Frères, de ces enfants qui se sacrifient, vous aussi faites votre sacrifice, ou plutôt renouvelez-le, car vous l'avez fait dès le jour de leur départ de ce foyer de famille où elles étaient tant aimées.

Donnez-les à Dieu qui vous les avait données ! En ce jour, vous pouvez dire avec assurance : « *Opus consummavi* ; Père céleste, nous avons accompli notre tâche de père et de mère chrétiens, nous avons élevé cette enfant dans les principes de la Foi, et de ces principes elle a tiré toutes les conséquences ; d'un bond elle s'est élancée aux dernières limites ; du précepte, elle a passé au conseil. O mon Dieu ! nous vous avons glorifié sur la terre, à votre tour de nous glorifier en vous-même. »

C'est pour vous, pieux parents, que je veux parler de récompense, en cette fête de l'Immolation volontaire de vos chères filles ; cette récompense sera Jésus-Christ lui-même qui vous dira au jour de votre jugement :

« J'avais faim, j'étais malade et sans asile, vous m'avez donné votre enfant pour me recueillir, me soigner et me nourrir ; venez les Bénis de mon Père, possédez le royaume préparé pour vous depuis la fondation du Monde ! » (S* Math., XXV, 34).

AINSI-SOIT-IL.